MEMORIAS EN TINTA NEGRA

ExLibric

TERESA PÉREZ DEL PINO

MEMORIAS EN TINTA NEGRA

EXLIBRIC
ANTEQUERA 2020

MEMORIAS EN TINTA NEGRA
© Teresa Pérez del Pino
Diseño de portada: Dpto. de Diseño Gráfico Exlibric

Iª edición

© ExLibric, 2020.

Editado por: ExLibric
c/ Cueva de Viera, 2, Local 3
Centro Negocios CADI
29200 Antequera (Málaga)
Teléfono: 952 70 60 04
Fax: 952 84 55 03
Correo electrónico: exlibric@exlibric.com
Internet: www.exlibric.com

ISBN: 978-84-18912-56-6

Nota de la editorial: ExLibric pertenece a Innovación y Cualificación S. L.

TERESA PÉREZ DEL PINO

MEMORIAS EN TINTA NEGRA

Agradecimientos

Gracias a ti, que estás leyendo esto, por depositar tu confianza en mí, por ofrecerme una oportunidad única para indagar en mis memorias; por permitirte observar todo lo que nos rodea desde un punto quizás muy diferente al que estamos acostumbrados, para probar a sorprenderte y dejarte un regusto especial en el alma.

De verdad, gracias.

Las gracias eternas a esos grandes amigos que han iluminado una parte de mi vida para siempre (y más en este año tan extraño para todos). Brindo por nuestras maravillosas locuras, los abrazos y las risas que sigo saboreando y guardando en mi lista de favoritos; me enorgullezco de tener unos amigos como vosotros.

Gracias a todas esas compañeras de tardes extremadamente largas por esas charlas ligeras y otras más pesadas, por compartir una motivación común y por vuestro cariño.

Gracias a vosotros, Irene, Ramón y Alejandro, por leerme en primicia con ese afecto infinito y avivar ese fuego que me impulsó a llegar donde estoy; por ponerme una mano en el hombro y decir: «Eres increíble».

A Sergio, por secar mis lágrimas en las penas que fracturaron parte de mi corazón y abrazarme con amor cuando todo salió a la perfección.

Agradecer inmensamente a mi familia: papá, mamá, Diego, abuela, por enseñarme esas ganas de luchar y por vuestro amor; por ofrecerme esos valiosos consejos y demostrarme que no vale la pena rendirse.

A la editorial que ha hecho posible que mi sueño se haga realidad. Gracias, ExLibric, por ofrecerme una oportunidad que no podía dejar escapar, por guiarme con mimo y cuidado en esta aventura y por depositar vuestra profesionalidad y talento en una escritora novata como yo. Muchísimas gracias a todos los que formáis parte de este extraordinario proceso.

Por último, pero no menos importante, debo darme las gracias a mí misma, porque debo admitir que no fue fácil mirarme a los ojos y darme cuenta de todo, de quién era yo. Gracias por levantarte una y otra vez, ya que es como dicen. Puedes caerte una vez, que te levantarás cuatro.

Mis gracias se quedan escritas a ras de piel; de la mía y de la de todos vosotros.

VENDAS

El brillo nos llega a deslumbrar.
A veces, incluso demasiado.
Un gesto, taparnos los ojos con nuestras manos,
una completa visera que realmente no cubre.
¿Y sabes lo que realmente cubre? ¿Lo que ves?
Vacío.
Una explanada pulida, prefabricada.
Y si hueles, a mentiras.
Donde tu vista se posa, ves a duras penas
las esquinas de pegatinas a medio quitar,
rascadas, oscuras, sucias,
pero posiblemente el único rastro de realidad
en kilómetros a la redonda.

Nuestros ojos son armas.
Muchas de ellas son encerradas en barracones
durante más tiempo del posible,
guardando polvo e historias,
sin conocer que se mantienen inscritas
en balas que no poseen rostro.
El mundo es nuestra diana,
aunque se mantenga intacta solo de esas formas,
porque de otras ya gotea.
Un himno escrito en lágrimas y sangre
que resuena en cada gota, inundando mares
y océanos que vuelven a ser depurados.
En la búsqueda de un pozo sin fondo,

sin preguntas que merecen respuestas.
De un manual de instrucciones,
y cuando algo no te guste, tapes tus ojos, tu motor.
Y ojos que no ven, corazón que no siente,
aun siendo muros de papel, volátiles,
escondidos en barricadas para huir
de lo que existe tras esas perfectas pegatinas
que te invitan a ver, oír, palpar.
No a observar, escuchar, sentir.
A vivir, aunque debamos cerrar sus ojos
con tal de abrir puertas.

A veces, deberíamos cerrar los ojos.
Abiertos es peor, porque duelen más.
Mucho más.

SER, ESA ES LA CUESTIÓN

¿Qué somos sino vida?
Un principio que posee un final,
un cierre de telón, siendo fuego
que acaba convertido en cenizas.

Polvo somos y en ello nos convertiremos.
Somos existencia, momentos,
sonrisas que se mantienen segundos en el aire,
recordando viejos tiempos que se desvanecen;
miradas leves hacia el cielo en busca de respuestas,
de sentir un tirón del hilo atado a tu muñeca.
Mantenernos atados a nosotros mismos,
siendo eternos, permaneciendo en el «si» condicional
de promesas grabadas en estrellas;
estando entrelazados entre las páginas de la historia;
viviendo entre los trazos ondulantes de tinta;
surcando mares negros que contenían nuestra esencia.
Lo que éramos, lo que seríamos.
Quiénes somos ahora.
Formamos parte de los ríos de lágrimas
que nosotros mismos creamos,
los cráteres marcados por los restos del egoísmo,
marcados por los lados de una misma moneda.
Nuestras dos facetas unidas por el más fino equilibrio,
limitándonos a caminar
por el afilado filo que las separa.

Y, aun así, somos;
sin poder eliminar de las huellas la crueldad
que existe y recorre nuestras manos,
rastros interminables que nos llevan
al pesado de aquello que fuimos,
que forma parte de nuestro presente,
siendo el yugo o el amo de nuestro difícil camino.

Somos el todo y la nada,
siendo maldad y el corazón al mismo tiempo;
arrastrando odio en nuestra siembra
y volviendo a bañar de orgullo
las amplias extensiones que nos llenan;
siendo complejos y, a la vez, tan simples
a la hora de querer y de sufrir,
cuando todo se reduce simple y únicamente
a nuestro centro.
Sin importar las diferencias
que surjan en nuestra alma,
que el terror nos coma,
que el amor nos corroa,
porque lo que en verdad somos,
aquello que guardamos
en lo más profundo de nosotros
es lo que nos impulsa a ser.

El secreto más oscuro que poseemos
y que escondemos entre capas y pliegues,
una coraza que protege la única cosa

que jamás desearíamos oír.
Sabemos qué es, con la profunda certeza de que
si se dijera en voz alta, no sabríamos volver atrás.
¿Qué somos sino un incierto secreto?
Tan secreto para el resto,
tan conocido para uno mismo.

Terrorífico descubrir que sabemos
quiénes somos y no queremos mostrar
esa verdad que encerramos.

¿Qué somos sino simplemente ser?

Su salida significará el final de todo.
Y para nosotros, solo el principio.

QUÉ SINSENTIDO

Dos cerillas se mantenían cerca una de la otra, sobre el bordillo. Una titilaba frente al silencio de la otra:

—Hace siglos que no prendes —dijo entre risas, mientras suspiraba aliviada en cada trago de humo—. Hasta he olvidado tu llama.

—¿Y?

—¿Y? —preguntó con sorna—. Creía que la extrañabas, tan brillante y caliente.

—No tengo nada que lamentar.

Miraba al frente seria, calculando.

—Demasiado aburrido —rio.

—Para ti.

—Cierto es —ronroneó entre una calada y otra a su llama—. Busco algo caótico, misterioso, ardiente…

—Podrías encontrarlo fácilmente —susurró.

—¡Dime dónde y allá que iría! —gritó con curiosidad.

La otra cerilla simplemente seguía observando el final del bordillo y la brisa que les seguía.

—No quieres más que aquello que ya tienes, amiga.

—No hallo nada que me haga feliz, solo busco mi flama —suspiré con todas mis fuerzas.

Esa cerilla en sus trece, mientras su querida amiga la miraba de reojo en su silencio, sin dejar de observar la gran humareda ardiente que dejaba atrás, entre caladas que ni siquiera parecía sentir la otra. Ciega entre sus llamas sin ver cómo prendía con fuerza aquella.

Qué sinsentido.

PRAE DOLORE

Un vaso de agua sobre el filo del cristal.
El borde rebosante, gotas que se escapan
y observan el precipicio
desde el fino límite que las separan.
Y cuando la tierra vibra,
algo está a punto de ocurrir:
ondas tentadoras que tanteando sobrepasan
los seguros de tal frágil vaso.
¿Cuántos serán más que suficientes
para desbordar aquella seguridad?
¿Dos? ¿Diez? ¿Uno? ¿O ninguno?

Lentamente, en total soledad, una mano
se yergue escéptica, pero con júbilo
en los ojos que osan palpar con la yema
la fría superficie.
La ahogada tensión, la excitante caída.
El suave desliz que desborda el interior del vaso,
donde se suponía que albergaba mínimas,
surgen ahora columnas interminables de agua;
húmedas cadenas que agasajan pies y manos,
con lentitud sinuosa ascienden con la vista
puesta en tus ojos,
a sabiendas de tu decisión.
Escogiste sobrepasar la línea, el equilibrio.
Un solo toque de un dedo,

comparable al rumor de una leve brisa
o un dulce soplo
y que fue la condena de esa sentencia.
En su ascensión apresaba cuerpos
como el roce apretado y consciente de amantes,
aunque su toque no constara de amor;
besos ávidos y fríos,
agarre pálido contra la piel dormida.

Ojos que no veían el final junto a otros
que se encontraban cerca.
Éxito familiar frente a un júbilo intermitente
y volátil como la llama de la vela.

En el momento de agonía final,
perdiendo de vista aquella mirada incansable,
descendiendo hasta confines,
buscando descanso a su ahogo
encontró aquello que antes era vida.
Presos de cadenas como las que
le habían llevado hasta ahí,
cuerpos envueltos en un aura de paz;
cabellos flotantes que enmarcaban la muerte
en sus rostros junto a las miradas
abiertas y supurantes de una última esperanza
que no encontraron,
acompañada del resquicio de desafío
que manaba desde el fondo de estas.
No habría victoria sin riesgo,

sin otros que lo intentaran y alcanzaran
el mismo destino de aquellos
que se mecían entre las aguas.

Mientras su mente se apagaba
y sus pulmones se apretaban hasta acabar
con el último resto de su vida,
observó hacia arriba.

«Quizás, y solo quizás, nos une más
nuestra manera de sufrir que nuestra forma de amar».

MUERTE

No sentía nada.
Nada aparte de la agonía que ardía en mí.

Cavaba desde lo más profundo de mi interior
con ansia viva, con miedo por extinguirse.
Era profundamente desgarradora
y en cada lamentoso intento más sentía
que me hundía.
Desde mi boca, inútiles alientos,
mas no era capaz siquiera de pensar
con la arrolladora opresión sobre mi garganta,
roncos graznidos que dejaban a su paso
violáceas gorgueras a lo largo de una pálida
y manchada piel.
La rasposa cuerda dejaba un herido rastro
en un sinuoso río a contracorriente.

En la mía.

Mi boca entreabierta respiraba
a través de unos labios cortados por la violencia
del sufrimiento que me poseía;
mis ojos abiertos de par en par,
luchando por encontrar un alivio
en tan horrible horror.
Se tornaron con un brillo distintivo

creyendo haber encontrado la respuesta
a sus intrigantes y desesperadas preguntas.
Con la misma rapidez que ocurrió esto
se volvió a desvanecer,
más veloz que su triste final.
Con mayor fuerza se cernía sobre el cuello
aquella tosca cuerda, sin descanso.
Ese ardor crecía fiero, sin ninguna tregua.
Supe, aun con mis pulmones a punto de explotar
y mi visión desvanecerse,
que había acabado conmigo.

Su mirada se convirtió en bala,
pero sus labios en muerte.

LLOROS

Lágrimas de cristal
opacas en pequeños ventanales.
Vasto camino que siguen
en bellos pasos, suaves y lentos,
a lo largo de su longitud.
Suave desliz y ardiente puñal
en sus afilados fines,
clavados con sal y sol,
a fuego sobre tersa piel con suma lentitud.

Sigilo y suspiros en el ansia contenida
de las quebradizas gotas.
Mares interminables entre prados rosados
que son amplios labios,
miles de carreteras curvas enlazadas
en el caos del deseo
plasmado enormemente en mayúsculas.
Ácidas o dulces, son como restos del ser
que ahonda en el interior,
colmado de un lago desbordado de temple,
o las innumerables olas reverberando
entre el hábitat de contención.
Armas frágiles de alto alcance.
Dagas escondidas entre la suavidad
de su curva.
Memorias en leves marcas

lejanas en su propio inicio,
al cabo con granos de segundo.

Pozo

Viento atroz en la nada,
con el frío acechando los zapatos,
calando entre los dedos como gusanos;
las losas emergen en equilibrio
sin fin alguno que alcanza la vista
a través de la niebla.
Alzar los brazos es un súbito riesgo,
pero el desliz de los pies es puro suicidio.
El viento que recorre el completo lugar
agita violentamente el pelo que golpea,
sin descanso, la cara pálida;
levanta la mano en busca del haz de luz,
de algún rastro cálido
que dé vida a su mustio cuerpo.
El temblor que le arrastra
le hace perder el equilibrio,
un respingo que deja caer casquillos de piedra
hasta el pozo sin fondo que le rodea,
vasto y oscuro, no como la oscuridad,
sino con otra tonalidad.
Deja bullir sus pensamientos en pleno silencio,
arrastrando momentos
que despiertan algo profundo,
más que aquel sinuoso pozo.

En el brillo de sus ojos
hacia el techo de colores que se eleva sobre él

deja caer palabras sin decir,
paréntesis cargados de supuestos futuros.
En los párpados que se cierran
casi en una sonrisa.
En el vuelo de un cuerpo sin alas
bajo la gravedad.
En el paso del viento sobre su espalda
y las olas de viento ondeando,
acercándose al vasto y oscuro pozo
bajo su persona,
hacia el color de aquellos ojos
que tanto callaban.

TÍTERE

Para quien habita entre mentiras: despierta.

Tras haber esperado tanto del resto
dejó de esperar encontrar algo en su interior.
De tanto esperar, ella misma se había secado,
lentamente, como una lágrima
que se desvanece despacio en la piel.
Le habían dicho quién era sin permitirse
la opción de comprobarlo antes,
con un cascarón que no le pertenecía,
creciendo a su alrededor,
engullendo su verdadero ser
y cegando sus propios sentidos.
Un títere del destino o de unas enguantadas manos
que manejaban los hilos,
que susurraban palabras confiadas al oído
y besaban su piel.

Qué cadenas tan ligeras, pero tan afiladas,
tan desapercibidas, pero peligrosas,
meciéndose en el aire como una bandera
que tiraba de su garganta arrebatando su voz
con marcas moradas y rojas,
con ojos inexpresivos,
con una talla que no era la suya,
con esquemas que no encajaban en su persona

y adornaban con picores y dolores.
Las huidizas lágrimas que desaparecían
antes de poder cobrar sentido en su sentir,
con un vacío hosco arañando sus entrañas
y rugiendo lastimero en su interior.
Tristemente era el baile que acompañaba al silencio
de una música que no sonaba,
de un paisaje que no vivía
o de un cielo que no corría,
con manos que no sentían
y corazón que no amaba ni sufría.
Leves golpes que martilleaban
aún más sus pensamientos
y anclaban aún más al suelo,
con pies enterrados y que no danzaban.
No veía aquello que se encontraba tras sus reales ojos,
ni siquiera la venda que los tapaba
o la sangre que recorría sus muñecas y su cuello.

Y la brisa despierta en furioso viento
que aúlla furioso ante esas manos
que atan sin miramientos y cesar,
permite que las esquinas de la suave venda
se levanten, dejando entrar esquirlas de luz brillante
que espanta la mentira y los susurros conformes.

Cuando conoce lo que te espera al otro lado,
por mejor o peor que llegue a ser,
por fin conoce la verdad que tan cerca no tocaba.

Ahora sólo lucha por desvanecerse
de la conocida tela que envolvía sus ojos,
por romper con ese duro y viejo cascarón inerte
y gritar fuertemente para desvanecerse
de una vez por todas del cristal que le hace sangrar,
por soltarse y ver de verdad con sus propios ojos,
aunque sea lo último que haga.

DISCORDIA

Vio surgir la discordia cuando su corazón
bombeó un sentimiento y dijo
lo contrario a aquellas palabras salientes
de una boca que observaba enfrente.
Y es que parecía verla enroscándose
entre sus dedos, trepando como una mala hierba,
áspera y ácida como las lágrimas
que amenazaban con salir,
al igual que el dolor que se instalaba en su pecho
y en el de la otra persona, siendo una sola
reflejada entre una batalla discordante.
Cuando su mente y su corazón chocaban saliva
entre los gritos que escapaban en distintos idiomas,
inefable e indescifrable.
Clavaban puñales como si de un espectáculo de circo
se tratara, y ambas querían sangre.
Siendo crueles, eso era lo que buscaban.
Y pobre de sí.

Había sido quien había plantado la semilla
y ahora recogía fruto.
La manzana de la discordia, agridulce
como esos abrazos que huelen a despedida.

La había fastidiado entre un momento y otro,
en cada paso izquierdo que pasaba a ser derecho,

en las palabras que se quedaban en la punta de la lengua
y eran tragadas hasta el fondo sin dejar rastro,
salvo por aquel regusto amargo
y el reguero de lágrimas marcadas
en sus mejillas a medianoche.
No tenía ni idea de que ese pequeño hueco
crecía sin pausa a pesar de no haber metido
el dedo en él, entre los hilos deshilachados.
Ya lo había hecho en la llaga.

Había sembrado discordia al mentirse,
al volver su espalda,
al tapar sus ojos con las manos
como si estas fueran manos de santo.
Y ahora le recorría por doquier.
Sólo podía rogar en silencio y callar.
Mantenerse a la espera de que asomaran los puñales,
disfrazados entre palabras y sentimientos de perdón.

Quizás no sabía que callar y ahogarse
entre discordia era el castigo más grande
que nos podíamos echar encima.

CAMBIO

Cambiamos, evolucionamos.
Maduramos como la fruta puede hacerlo.
Pasamos por momentos de nuestra vida
en los que nos sentimos más perdidos,
sin importar edad o cualquier otra distinción,
pero lo hacemos, nos enfrentamos a nosotros mismos.

Tropezamos con piedras que se clavan
en las suelas de los pies,
habiéndonos quitado todo
para sentir con todo nuestro ser.
Y no se trata de un desvío,
sino del camino que dibujamos en nuestro corazón.
Nuevas líneas que trazan sendas que eran desconocidas. Y
nos atrevemos más allá,
a no dejar de ser nosotros mismos,
pero pulirnos sobre la piedra dura que es la vida.

Hasta que se vea hueso. El real.

INVERSA

Es la fuerza del caos, furioso y bravo,
encerrado en la jaula de una mirada,
cayendo mientras arrasa en forma de diluvio.
Cascadas interminables de miles de sueños y esperanzas,
valor y fortaleza.
Calor que golpea tras el recio frío,
pálpito profundo en un llano silencio.

Y en ese tremendo caos,
oculto salvo por rendijas apenas visibles,
acecha el hambre, el coraje.
Espíritu de una llama que no se extingue.
Siempre arde.

Envase de paz y serenidad,
con alambres de miedo que amenazan con fundirse,
a punto de colapsar en una inundación,
llena de caos y gritos que desean tomar voz,
de vida.

FANTASMA

Siempre caminaba separando a la muchedumbre en dos bandos, removiendo al ganado entre las aceras con clase señalada, delicadeza no tanto como orgullo.
Con los ojos siempre arriba, ignorando las malditas vetas que enganchaban hasta el alma durante el intercambio de pies a lo sumo. Pero sin terminar de creer que el cielo le merecía, se bamboleaba con la duda en sus extremidades, chocando levemente con el resto de los viandantes de sueños en una danza lenta y suave.
Sin quererlo ni beberlo, pasaba desapercibido ante la multitud.

Mentira.

La altura que sobrepasaba le valía de pequeña ventaja entre el mar de cabellos alrededor con grandes ojos, que tras esa ligereza escondía soberbia en dotes. No engañaban los maltrechos bamboleos entre los choques previstos y quizás ni siquiera la pequeña práctica escrita de una sonrisa asomando en su cara.
Cuando allí era el rey. Un pastor que dirige el ganado y un moisés separando extensas aguas; una firme línea trazando un límite en el papel o, simplemente, un niño con complejo de llevar un tesoro en sus bolsillos vacíos con el poder a fuego en la frente.

La cría del banco de enfrente le observa. Mastica un gastado chicle que, tras un rato de aburrida degustación, moldea entre sus dedos mojados y ríe.

Fantasma.

ROJIZAS VERDADES

Clamar justicia, o simple venganza.

Gota tras gota caen.
Se deslizan pegajosas,
siendo extremidades que se alargan a un frágil borde.
Aun así, ni las siento, de no ser por el metálico olor
que se desprende sobre mi rostro.
Son largas huellas de identidad,
franjas ígneas de color que rebosan mis pómulos,
ojos y labios,
tan habituales como la propia sangre
que recorre los extensos cercos de vasos y venas,
menos normales que las máscaras
que se pasean con miradas altivas escondidas
tras seda y satén,
estando afiladas después de ensayadas sonrisas,
y tan extrañas como hallar cabezas
fuera de los hombros.
Y mirándome en el transparente reflejo,
no había mentiras que pudieran tapar
lo que mis propios ojos veían:
la orgullosa expresión del reconocimiento de otro igual,
la grata sorpresa de unos dedos curiosos que recorren
las serpentinos sendas rojas que penden de mi barbilla,
enmarcando su única verdad, la real,
desprovista de parches mal pegados y consejos de ayuda

para esconder algo que es más que conocido:
el amor que le profesas.
Como si se tratara de un espejismo
que creías no alcanzar jamás,
de una leve percepción que desaparece sin dejar rastro,
pero que aquí está, más real que nunca.
Y no puedes evitar llorar,
llorar con profunda alegría de reconocerte
tras la mirada del frío reflejo en el cristal.

Y en cada paso que saboreas y sientes
observas lo que te rodea,
el amplio y vasto lugar a tu alrededor,
preguntándote qué tan frágil son los cimientos
que sustentan esas viles mentiras
disfrazadas de dulces sueños
y ofrecidas por garras engalanadas,
sin limpiar ningún rastro de la sangre que desfila
y deja un camino rojizo sobre baldas blancas,
percatándote de las miradas sobre ti.

Sonríes pensando en el momento
en que les hagas sangrar tras las regias sombras.

Aprietas los puños al avanzar con la barbilla en alto,
esperando que todo caiga
y que todo vuelva a comenzar.

IR(REAL)

Por nuestros sueños y esperanzas,
que quieren ser escuchados.

Palmas sangrientas al andar por este mundo.
Alas que cuelgan como morbosos trofeos,
aún latiendo, aún aullando.
Se llenan con polvo las bocas
de hombres y mujeres sin rostro.
Las costuras de unas sonrisas
se intuyen en las comisuras.
Finos hilos saltan cuanto más se ensanchan.
Algunos permanecen tras arrancar de cuajo
lágrimas antiguas marcadas a fuego.
Ojos ciegos para aquellos que todavía ven.
Esperanzas huecas cuelgan de los balcones desiertos.
La gente avanza de rodillas en suelos de algodón
sin avanzar hasta manos tendidas.
Giran sonrientes sobre sus maltrechos cuerpos,
volviendo a caminar.

A dos pasos se desangran corazones y sueños,
época de siega y no de siembra.
Manos rendidas que arañan sus entrañas,
que gritan mientras callan,
que rinden almas en carne viva,
con el deseo de que la vida viva.

Sus bocas, en silencio, sin fuerzas.
Sus ojos, clamando justicia.

SIETE VIDAS

Las tejas que soportan nuestro peso me hacen vacilar en cada uno de mis movimientos. La noche ha caído, un suave telón que sobrepasa nuestras cabezas atenuando las últimas luces.

Aún con mi mano sobre su muñeca, no sirve como un salvoconducto demasiado creíble.

—Fin.

La media luna que ilumina la infinita extensión de cielo nocturno nos acompaña en silencio, expectante. Las vistas opacas solo me hacen intuir las agudas siluetas de los tejados, salvo por los pequeños cuadrados de luz en los que hay vida. Quizás si alguien apartara la vista vería a duras penas a dos personas. Dos locos. Puede que los más cuerdos lo sean.

Con un suspiro frío, suelto mi mano de su muñeca de forma tranquila, aunque mi interior se resigne a perder ese contacto. Ahogo las réplicas con contundentes puertas que dejan escapar el ronco rugido. Basta.

—¿Vienes? —Su voz me hace dar un respingo y enfoco mi vista en sus ojos oscuros, tan apropiados para una noche como esta.

—Sí, claro… —Mis pies se mueven tanteando cada teja. Un tejado. Tendría que morder ambos carrillos para no gritar, un maldito tejado. Él ya se ha girado y se deja caer entre suaves risas sobre la superficie.

Me acerco a paso lento y me siento junto a él a una distancia prudente, intentando no rozar nuestros brazos. Solo se escucha la noche, su susurro y sus palabras. Aquellos que las oyen sabrán cuáles son. Silencio es lo que llena los dos palmos que nos separan.

—¿Y? —pregunta.

—¿A qué te refieres? —Me inclino hacia delante para observarle y aclarar su pregunta. Sus manos están sobre sus rodillas y su cabeza desciende hasta anclarse sobre esta.

—¿No tienes nada que decir? —inquiere divertido—. ¿Acaso te ha comido la lengua el gato?

Me niego a contestar y me revuelvo por dentro cuando sus ojos negros se posan sobre mí. Incluso mirándome desde abajo me hace sentir como una presa. Quizás es que lo soy.

Me observa sin descanso. No deja de sonreír, una sonrisa felina e ingeniosa que intenta adivinar qué pasa por mi cabeza, pasando en su imaginación sus afiladas garras por mi mente en busca de la cerradura que le otorguen mis pensamientos.

—Tiene gracia que tú lo digas, ¿has sido tú? —le contesto, desafiando una posible respuesta—. Como un gato negro, a la espera, buscando una recompensa donde no la hay.

—Si al final hablas… —ríe, levantando la cabeza. Su cuerpo busca el mío lentamente de una forma casi dolorosa—. Tienes razón, voy buscando algo. ¿Por qué me cuesta tanto saber qué es lo que escondes?

—No escondo nada —le digo de forma brusca y llevo mi vista al frente, a las sinuosas siluetas. Las frías respiraciones marcan la melodía de la conversación.

—Eres como yo.

—No.

—Sí lo eres, es lo que más miedo te da. —Su cuerpo roza el mío. Su boca me susurra en el oído, aunque los fuertes latidos es lo poco que logro escuchar aparte de sus precisas palabras.

Mis ojos ambarinos se cierran y mis labios apretujados en una mueca aterradora dejan escapar un ligero gruñido llamando su atención.

—Mmm, qué curioso.

Sus labios se acercan sobre la piel de mi oreja y bajan por mi cuello. Noto su nariz recorriendo el camino para subir hasta detenerse de nuevo en mi oreja, no sin antes deshacerme con un beso sobre esta.

—Ojalá la curiosidad nos mate. Tengo muchas vidas para probar suerte.

CAOS

Qué silencio reina en el caos.
Lo acaricia suavemente.
Fríos dientes que arrancan sumidos silencios a unos
y dolor a otros.
¿Cómo llega a ser tan cruento caos
tan duro silencio?
En medio de la lluvia de oscuridad
no hay sonido alguno.
Entre las gotas fulminantes de dolor que pican la piel
no se escucha su repiquetear.
El silencio, que ni habla ni oye, no deja respirar.
Casi se palpa entre tanto desaliento,
la ironía de vivir sin escuchar la propia alma,
pero rasgando el mismo aire.
Qué triste albergar tan pleno vacío.

La inmensidad de desconocer, el temblor del miedo,
los pasos de la soledad y los aullidos de libertad.

Y cuando ya colma,
con la desesperación quebrantando la voz,
los gritos que todo lo llenan.
Sin oír los propios pasos agitados,
sin el eco del llanto,
sin estruendos de los gritos desgarrados,
sin el consuelo de húmedas lágrimas.

El caos creado por uno mismo,
con la soledad como arquitecta
y el corazón con un arma en el pecho,
encañonando lo poco que queda de él.

BESTIA

A quien se atreve a mirarse profundamente,
agarrando su propia mano.

Déjame mecerme entre los susurros de las olas del saber,
en el rugido del viento en tus ojos.
Que los pies que sueñan corran descalzos,
sin miedo a resbalar y con el corazón
marcando nuestros saltos.
Hazme volar en la tierra y déjame surcar el fuego.
Quiero probar aquello que persigo.
Que mis ojos olviden y mi piel ría.
¿No sería cierto? ¿Terriblemente asombroso?
¿Un hecho sorprendente?
Algo sin palabras.
Apoteósico.
Una cuenta atrás para conocer,
para lo que de verdad esconde nuestra alma.

Con los brazos abiertos,
al igual que mi corazón mientras clama.
Pies que se mueven sin cesar
y manos que corren en el papel.
Vida y mente que viajan a inexpugnables lugares
donde la razón no ha colonizado.
Salvajes pensamientos en danzas tribales,
sangre entre versos.

Espíritu y aliento, uno solo.
Déjame que recorra todo lo que escondo.
Cada profunda parte que la tinta baña
en lo más profundo del ser,
escondido entre los pliegues
mientras se desata algo mayor,
más grande que tú y que yo,
más que lo que llegamos a conocer.
Porque cuando la certeza desata a la verdad,
ya no hay marcha atrás.

Porque han soltado a la bestia.
Tiene hambre, y su alma se relame a la espera
de que los sueños ataquen a gritos sus ataduras
ahora que hallaron libertad.

PROMETEO

Cielo y tierra creados,
angustia espera ante la falta.
Uno solo, lleno de ingenio.
Vástago de la antigua estirpe divina.
Hijo del titán.
Padre de los hombres.
Manos cubiertas de arcilla
que engendran vida, aliento.
Guía de cuerpos que vagan ausentes
sin camino que recorrer,
sin luz que observar, oídos insonoros.
Él da la chispa, el pastor de gentes.
Abogado de aquellos, débiles de forma y espíritu.
Agudeza e intelecto fueron sus amargos captores,
el engaño fue visto.
Dueño y señor del arte de la esperanza.
Artífice de chispa.
Rebelde de corazón.
En llamas trae envuelta la robada solución,
mas duro sería su final.

Condenados él y su mundo creado
a siglos de desdén y muerte
por un desdichado y cruel momento.
Cadenas de tormento eterno y tortura en las alturas.
Amigo bendecido, hermano creador.
Espíritu de promesa, un Prometeo.

AMANTES DE PIEDRA Y HUESO

Los ojos del silencio veían el sinuoso baile
que mantenían dos pares de ojos
que no perdían contacto,
intentando tomarse de la mano,
para alejarlas suavemente por su piel,
semejante al mármol a la espera del cincel,
que se yergue ante el desvanecimiento
del suave y absorto tacto.
Una danza cruel para los protagonistas:
tomar para luego dejar,
suspiros que se elevaban en el aire
como penosas pérdidas que se desvanecían
entre sus cuerpos, para después sus bocas
volver a llenarse del aliento de ambos
a punto de colisionar.
Sujetos por riendas invisibles
a los límites de sus corduras,
aunque siempre hay maestros del guante blanco,
agudos y hábiles dedos mágicos,
ambos entremezclándose en un controvertido puzle
de brazos y piernas.

Y sus ojos. ¡Oh, sus ojos!
No perdían de vista los del otro.
Podría arder el mundo que solo tendrían
la presencia del leve espacio entre ellos,
el nítido y real vacío que les separaba.

Centímetros para juntar sus rostros,
pero milímetros para sellar sus labios.
Tremenda tortura verlo acariciar su piel fría,
arrastrar su dedo como si de un interruptor se tratara,
para encender un motor escondido.
De hacerles sentir aún más,
a pesar de mantenerse por la eternidad
en una profunda lucha
en la que no poder acercarse más,
de no probarse.

Quedarse en la áspera incertidumbre de saber
qué habría sido de sus labios juntos,
si el final hubiese sido como el movimiento
de las olas sobre la caliente arena al sol,
o la satisfacción del error al salirte
de los bordes al colorear.

Y cuando aquellos ojos expectantes se separaron
con esfuerzo de la imponente obra de arte,
permaneció con la mirada fija en el extremo
de la extensa sala donde se hallaba él.
Y se preguntaba si habría alguna forma
de que sus labios estuvieran a la misma distancia
que aquellos estancados amantes,
aunque se desvaneciera en ello.

Él se miraba los zapatos en el fondo brillante
de las losas del elegante suelo,

mirando de reojo su cuerpo,
la forma en que tocaba sus brazos con nerviosismo
y quedaba en otro mundo
cuando observaba la increíble estampa.
Y solo podía pensar en acortar la distancia,
besar aquellos labios desconocidos y prohibidos
en un beso capaz de despertar
a aquellos amantes de piedra.

MANCHAS DE TINTA

Surcos oscuros que contaban historias
entre sus líneas en relieve;
escozor en los límites de la historia que sellaban,
dolor si hundías el dedo en la herida reciente,
en la tinta sin secar.
Trazados expertos, sin duda;
sueños que se plasmaron como si por fin
fueran una realidad,
imborrables como un recuerdo eterno.
Retazos de vidas que quedaron atadas
en simples ríos de tinta.
Recuerdos o partes de nosotros que perduran,
se mantienen jóvenes e inmortales
en los andares del tiempo,
pasando de las llanas y verdes planicies
a las rugosas ondulaciones de redondeadas colinas,
siendo impresiones tales reflejos,
inscritos en un nuevo idioma universal,
en mapas del tesoro o la más extensa obra de arte,
manchas amorfas o tratadas
con un sinsentido despectivo,
cuestionadas bajo ojos críticos
y opiniones demasiado insistentes,
ligeras al menos y que se llevaba el viento.
Tinta escrutada bajo dedos mojados
que pasan una y otra vez tratando de borrar la marca;

un roce dramático y hostil
intentando pasar desapercibido;
acciones contrarias al sarcasmo inmóvil de la tinta,
inflexible con los talones clavados sobre la tierra.

Arte pintado, arte escrito sobre papel
que tampoco puede desaparecer,
ni siquiera como mis palabras.

ALGO EN EL AIRE

Era golpe tras golpe.
Una mirada o dos.
Falta de importancia ante quien creías que eras.
Tu mirada observando desde el suelo
pies que están a la misma altura que tú
cuando tu lugar también es arriba.

Y ahora hay algo en el aire
que te calienta;
que hace blancos tus nudillos al apretar
cuando atreves a izar tus puños;
que te impulsa a coger altura,
a que tus ojos alcancen el cielo más alto,
dejando atrás sin más todo aquello
que decías que eras
y escalar todo lo que te atrapaba
en un lugar cerrado.
Ten la oportunidad de correr sin pararte,
de poder elegir y cambiar.
De sostener miradas con orgullo y fuerza,
con el alma pura en un cuerpo mortal.
De volar como un pájaro buscando un futuro.
De probar ahora el sabor de la libertad.
De vagar con los ojos cerrados,
pero el corazón abierto,
contigo mismo como compañero
y el coraje como arma.

CREO QUE NO TIENE NOMBRE

Las teclas besan con susurros
las suaves yemas de mis dedos.
Se sienten firmes bajo ese rápido momento,
un cosquilleo que recorre los caminos nerviosos
de mis dedos y manos,
que activa cada fibra de mi piel.
Cada tecla y cada sombra de una mísera letra
me llevan a otro lugar,
porque no es sencillo ni complicado,
sino que simplemente ocurre.
Cuando abro los ojos, no me encuentro aquí.
Veo los árboles, observo el brillante cielo
o siento la suave brisa que resuena entre las hierbas
del enorme paisaje.
Rozo cada roca y cada gota de agua.
Mi cuerpo lamenta el frío silencio de la noche
o agoniza mientras piensa en el ardor de la batalla.
Mi mundo está ahí respirando,
engendrando vida a partir de otra, de un sueño,
de una constante elevada al infinito.

Crece y crece.

Esas fuerzas vienen de algo muy dentro de mí.
No lo encuentro ni lo toco, pero lo siento, ahí.
Se mantiene candente.

Mi espíritu cobra vida y mi vida sentido.
Cuando cierro los ojos, dejo que me guíe
como un buen pastor,
que simplemente me deje ir, sin más,
con firmeza y coraje,
con sentimiento y clamor.

MAÑANA

No hay amanecer si antes no anochece.
La luz no existe si no lo hace la oscuridad.
El bien camina junto al mal.
No puede haber un mañana si no hay hoy, ni ayer.
Juro que no solo somos mente,
sino también un sangriento y profundo corazón;
carne, pero con huesos, agua y fuego.
Dos polos, dos imanes contrarios.
Y somos.

Lágrimas que se entremezclan entre las sonrisas,
formados por esperanzas que caminan
de la mano de los más opacos miedos;
hijos nacidos para el amor y la guerra;
vástagos del cielo y del infierno,
capaces de amar y de romper,
de crear y matar.

Somos un todo,
la cara y la cruz de una misma moneda.
Podríamos echar a suertes
el futuro de nuestra existencia.
Dejémosle probar a jugar.

La vida siempre esconde un as bajo la manga,
tramposa y sabia del mañana.

COLOSSEO

Cerraban los ojos y veían la paz que les faltaba,
la libertad que sus cadenas ataban.
Los resplandores de un mundo desconocido
brillando en la lejanía, pero con una familiar oscuridad
que los acompañaban en las tristezas de la noche,
como una caricia silenciosa y un apacible abrazo.

Caras con sueños desterrados.
Ojos conocidos de dueños sin identidad.
Lamentos en vano y dolorosa aceptación.
Una mano de poder en el juego
que reina sobre las cabezas de todo un pueblo.
El grito esclarecedor de miles de voces
que no hablan y no deciden sobre otros
que bañan sus manos de oro
y sangre ajena.
Las vidas temblorosas con manos firmes.
Un destino incierto
marcado a fuego con peligros infinitos;
ataduras entrelazadas en sus almas cicatrizadas.

La muerte va vagando entre los viejos muros
pedregosos, estrechando sus huesudas manos
en duros tratos sin salida con cuerpos hundidos
en el subsuelo de su persona.

EL TODO Y LA NADA,

SIENDO TODO

El hombre vaga a lo largo de la historia buscando.
Un mero ser repleto de anhelo
ante esa búsqueda tachada de imposible, quizás.
Respuestas múltiples podrían llenar ese vacío.
Aspiramos a aquello
que resulta extremadamente difícil de comprender,
capaz de enmudecer a las mentes más brillantes.
Ansiamos encontrar algo más grande
que nuestra propia existencia
(ansiosos, posiblemente lo seamos),
que nos permita poder ponernos en esas manos
invisibles y seguras.

Somos minúsculos.
Es una realidad complicada de asimilar, pero es cierta.

Somos parte de una nada
demasiado amplia de cercar,
de limitar.

Todo se nos escapa entre los dedos
como la arena blanca se mece.
Quizás sí dependemos de algo enormemente mayor
que cada una de las personas que viven.

Durante las fuertes lluvias,
en las tormentas o ventiscas.
Algo se palpa en esos momentos.
Puede que sea terror ante algo superior,
a una energía que se superpone,
cala dentro de ti y corroe,
te posee profundamente.
Ella se apodera de ti y podrías jurar
que ves más allá de tu simple vista.
Puede que entre los relámpagos violetas
se observe el rastro de poder en su propio ser,
tal cual es, o incluso verte a través de esa luz
entre susurros ahogados,
siendo la chispa tan cercana a la nada.

UNA GUERRA

Sangre y vísceras
de tu corazón y del mío.
Desgarros y tirones ansiosos
con pupilas como gigantes.
Resbalones diestros y ahogados intentos de respirar
en el inmenso lugar de nuestra batalla campal.

Es cruenta, desesperada, asombrosa,
la cruda realidad de los amantes desesperados
ante la incipiente luz del amanecer.

Manos ágiles y lenguas afiladas como cristal,
cuerpos hechos nudos y escudos
que cargan en conjunto,
arrasando contra los altos muros de sus mentes
en un intento de tomar la fortaleza.
Espadas cruzando campos abrasadores
y gemidos escondidos en los golpes
de las curvas hojas de metal.
Maestros de la hoja, asesinos de ojos nocturnos
y bocas hambrientas.

Cargan lentamente, acechando con crueldad
los lastimeros susurros del otro
a la espera del fatal momento:
una respiración entrecortada y la sangre sin control

a bravas por unos corazones desbocados.

Es placer observar la historia de sonrisas
cerca de la muerte,
de vísceras que rebosan en multitud,
de un certero final con pupilas negras
y miradas ciegas.
Tirantes ruegos y el final más esperado.

La muerte asomando entre las piernas
de guerreros salvajes, desarmada y ahogada
entre los mares de sangre roja
que recorren sus corazones.
Las empuñaduras clavadas sobre la tierra húmeda,
dándoles descanso.
Grito atroz.

Una guerra sin palabras,
sin paz,
sólo de latidos.

GIGANTE

Historias que te hacen soñar.

Las olas reverberaban contra la oscura piedra
que se formaba en el apabullante precipicio.
El sol y sus fieros rayos golpeaban fuertemente
contra la hierba que se extendía
en la mayor parte de la extensa isla.
El conjunto de árboles, verdor y blanca arena,
creaba suaves pinceladas en la grandeza
de un profundo mar azul que se alargaba
hasta no hallar certeza en su posible final.
Los vibrantes sonidos de los pequeños animales
se oían a través de las alturas y bajos arbustos
que cercaban cálida arena, creando un silencioso coro
en comparación con el enorme volumen
que producían sus pisadas,
alzándose entre las verdes copas y agitando la vida
que se hallaba en estas, marcando un firme ritmo

con sus grandes pies manchados
a lo largo del camino.
Su melena se mecía en hilos de plata
por el aire y su rapidez, mientras se dirigía
hasta una vieja y honda cabaña
escondida tras un grupo pedregoso.

Las paredes delimitadas le permitían el difícil acceso
al interior, grande para otros, pero pequeño para él,
en el cual colgaba del techo un iluminado farol
que hacía visible una pequeña mesa
y el conjunto de tablas y telas como cama.
Aquel lugar se encontraba decorado
con extrañas ramas y flores de la isla,
conchas recortadas…
Aunque quizás lo más impresionante eran las marcas,
sin patrón y fin, que recorrían la estancia.
Líneas largas, puntos entrecortados.
Un paisaje interior de lo más curioso.

Sus ojos, oscuros y profundos,
acogían cada detalle del mural,
mientras sus grandes y callosas manos se deslizaban
sobre las incisiones de la madera.
Al contrario que la dureza,
que parecía bullir por la fuerza de sus yemas,
destacaba la suavidad de su mirada,
siendo pozos negros y cálidos,
a la vez que sorprendentemente reconfortaban
a quien pudiera observar.
Se dejaba llevar por la energía
que le transmitía aquel simple hueco en la madera.
Normalmente solo se sentiría la nada al tocarla
y la presión de juiciosos sobre su espalda,
pero allí no había nadie.
Solamente él y su alma.

Sin palabras.
Con los gritos de la isla y el silencio creciente
instalado en sus labios.
Seguía repasando lentamente las toscas perforaciones
que desde cerca se notaban lo bastante marcadas
con tinta azul, como el cielo nocturno,
o la franja que llevaba pintada sobre su frente
con unas pequeñas gotas resbaladizas.
Sobrepuestas a estas, aumentaba su número
en forma de formas irregulares y puntos brillantes,
creando casi un mosaico a lo largo
de las paredes del interior de la cabaña.
Acompañando a sus dedos,
se agitaban sus anchos hombros bajo suspiros hondos,
que se convertían en sollozos incontenibles
y retazos de mar deslizándose por sus mejillas.
Bajaba la cabeza, rendido,
y su llanto aumentaba sin freno
cada vez que se paraba a mirar los recuerdos
de todo aquello que dejó atrás,
lo que le fue arrebatado.
Su hogar.
Solo hallaba desolación y dolor en los surcos
que dejó en sus principios
cuando mantenía restos de esperanza.
No era quien se vio obligado a abandonar su hogar,
aquel cielo eterno de noche y estrellas,
de los susurros de los sueños.
Sus manos se alzaron con una fuerte velocidad

y en un suspiro acabó por romper
la pequeña mesa de madera.
Los restos yacían en formas enmarañadas
junto con el revuelo de madera y telas
cercano a las paredes.
Se dejó caer provocando un suave rumor
al deslizar sus tiesas ropas por la estera
y reposar la cabeza entre sus rodillas.
Las lágrimas bañaban sus mejillas
y quemaban sus ojos cerrados
con su pecho hinchado de furia,
un fuego que ahogaba el poco aire
que permitían sus pulmones,
con su boca entreabierta, que luchaba
por pronunciar palabra alguna de socorro.
Solo se escuchaba un grito ahogado y animal
que reverberaba en una garganta
dolorida por toda la isla.

Una brisa se levantó en el exterior
y no recordaba el momento de su inicio.
Volvió a abrir los ojos con un gemido lastimero
ante la hinchazón formada por el llanto.
Sentía el estridente pálpito
de las venas rojas en su mirada.
Se movió despacio y apoyó sus palmas y rodillas
sobre la estera mientras cogía aire.
Tras esto, se levantó para observar el desastre
que había provocado.

Todo parecía no encajar allí:
un cuerpo fuera de lugar al igual que todo él,
una mentira construida bajo falsas esperanzas
hechas de madera
y una vida que solo estaba escrita en las paredes.
Todo lo que era había quedado reducido
a pensamientos huecos durante la noche,
cuando escapaban de las garras de su mente
y parecían fluir por su ser,
pero por la mañana
volvía a desaparecer ese sentimiento.
Solo quedaba un vacío frío en su interior.
Echaba de menos el peso de un latente corazón,
del brío constante de latidos emocionados
y no de un simple ritmo de supervivencia.

Mirando aquel viejo y ruinoso conjunto
de palos y palmeras, decidió su futuro,
quizás el camino hacia lo que ansiaba.
En esas paredes vio escrito su destino
y mientras ideaba un plan,
que le provocó una abierta sonrisa,
cogió su gran hacha y se dispuso
a derribar aquella jaula de madera.
Se iban agrupando conjuntos de palos
más y menos anchos en busca de material
suficiente para una brillante idea en su cabeza.
No recordaba cuánto tiempo
se mantuvo cortando e hilando metros de cuerda,

para poder unir ese rompecabezas.
Comenzó a enlazar unos trozos con otros
en busca de construir una balsa
lo suficientemente grande
para que su anguloso cuerpo pudiera caber.
Al final de la tarde, justo con el atardecer,
se dispuso a realizar su viaje.
El mar se encontraba receptivo ante su presencia
y las olas aceptaron que pudiera moverse
a lo largo de las oscuras aguas.
Iba en busca de una entrada,
de leyendas y mitos que su gente contaba,
buscando la puerta al más allá, a la luna.

La locura y la alegría se plasmaba en su amplia sonrisa
y navegaba con fuerza en busca de la luna.
Se paró en medio del mar cuando levantó la cabeza
y la observaba con la mayor cercanía
que jamás hubiera imaginado.
Se levantó manteniendo el equilibrio sobre las tablas,
que se bamboleaban con el ritmo de las olas,
y comenzó a abrirse la fina camisa.
La dejó caer por sus anchos hombros,
dejando su vientre terso al descubierto.
Tiró del cordón que mantenía atado
su parcheado pantalón
y también lo mandó al suelo de la balsa.
Notaba el vello de punta con la pequeña brisa
que se levantó y que agitaba su largo pelo plateado.

Tras una última mirada a la luna,
un suspiro lento acrecentó el peso de su alma
y cayó al mar.

A medida que se iba adentrando
en el frío suave del océano
se hundía aún más, pero su mirada
seguía puesta en el cielo nocturno
a través del cristal acuoso que se formaba.
La tranquilidad le inundó en el momento
que llegó al fondo y el agua entró en sus pulmones.
Cuando quiso tomar una pizca de aire,
sintió un tirón desde todo su cuerpo
y parecía mentira el momento
en el que comenzó a ascender del fondo
en un sentido contrario.
La luna se encontraba aún más cerca,
y a medida que se alzaba,
surgió de entre un nuevo mar
hasta las puertas de un cielo brillante y nuevo.
Se dejó arrastrar
hasta una arena clara y rasposa,
hasta dejarse caer sobre ella.
Riendo, observaba un nuevo techo hecho de las aguas
que tanto conocía y que se mantenía embravecido
en comparación con la calma
que se respiraba en aquel sitio.

—Mi hogar —dijo alzándose,
mientras dejaba caer unas alegres lágrimas

que bañaban un mismo mar,
pero que no provenían del mismo ser.

El hueco solitario que existía
se llenó de un bravío mar hecho de luna.

CARMESÍ

Los vastos territorios que rodeaban las llanuras
cercaban la masacre.
Cuerpos destrozados por el ritmo de la batalla,
arponeados por largas lanzas cubiertas de sangre
y restos de telas sucias.
El suelo se convirtió en un esplendoroso mapa
de miembros descuartizados sin pies ni cabeza,
literalmente.

El sudor y el olor en el ambiente golpeaban
los sentidos de los soldados
que todavía se mantenían con vida,
otros a duras penas.
Mientras tomaban un ahogado respiro
a través de sus labios secos,
al otro lado seguía la contienda,
una armadura carmesí que destellaba
y masacraba con paso ágil y sin temblor.

Sus brazos sujetaban con firmeza
una gran espada negra como el tizón,
la tormenta encarnada.
Se mecían como uno solo
e iban segando toscas protecciones y piel.
Las vísceras caían con golpe sordo al suelo
pintado de rojo y marrón,

agolpándose junto al resto de cadáveres;
a su alrededor muchos soldados se paraban
ante ese espectáculo.
Aunque tuvieran que luchar,
nadie lo hacía como aquel sin rostro,
como si cobrara vida en cada estocada profunda.

El filo cortaba y manaba carne y sangre a su paso,
tiñendo una larga alfombra e invitando
al resto a acercarse.
Aquel ser carmesí segaba contendientes sin esfuerzo,
arrancando vida, brazos y cabezas;
sus propias manos no llevaban guantes
y destacaba el tono rojizo que adquiría su piel,
tan similar a la propia armadura que le rodeaba.
A medida que se acercaba
se intuían detalles que antes escapaban
a la vista de aquellos que quedaban en la lejanía.
No se trataba de ningún traje de hierro,
ni nada que pudiera asemejarse a él.
Su cuerpo destellaba contra el sol
que se alzaba ante su cuerpo cubierto de sangre.
Se balanceaba en una danza mortífera
mientras su cuerpo desnudo brillaba
con el más brillante rojo.
Ni siquiera podía adivinarse si portaba herida alguna
ni de quién era toda la sangre que le cubría.
Sus dedos goteaban
al igual que la punta de su espada.

Se hendían las gotas hacia el suelo
como el filo lo había hecho antes en los cuerpos.
La ahogada respiración marcaba
su pecho ancho y poderoso,
mientras que su rostro parecía de otro mundo.
No tenía nombre,
ni expresión que pudiera llegar a hacerle sombra.
Devolvía a su maltratado público
una fiera sonrisa,
asomando entre una boca manchada
de rojo y burdeos,
con unos ojos negros ardientes como pozos
y centelleantes ante el amanecer a sus espaldas.
Desgarrador,
como la vida.

TORMENTA A LA LUZ

No se halla final en tal oscuro enredo,
madejas entrelazadas de lío que prenden
entre chispas de vigor.
Y solo queda estupor entre las nubes,
atento entre las sombras.
alerta ante la amenaza naciente.

Y si se tratara de un sueño,
moriría de terror.
Ni centenares de pellizcos sobre la piel
le sacarían de tal contienda,
con las armas brillantes en ristre
cobradas de mil espantos.
Y es que era fuego.
Fuego frío y celestial sacado
de entre las más exquisitas bodegas.
Tan natural y tan incierta como la vida misma,
siendo algo mágico entre algo tan simple.

No puedes obviar la sensación
de que el cuerpo actúa en contra de sí mismo.
Sólo siente, tiembla, en un salvaje son.
No se podía evitar que se erizara la piel,
que todo lo que eres truene ante la tensión
de huir, de conocer, de descubrir.
De sentir la propia tormenta calando

a través de los huesos.
Porque cada vez que dirigías la vista
hacia aquella mirada,
sentías la tormenta en todo tu ser.
Era belleza en toda su pureza,
hipnóticos relámpagos en el color de sus ojos.

Y sentías que, si te entregabas,
quizás nunca volverías a ver la luz del día.

PAPILIONEM

Nos encontramos en un continuo cambio,
en un profundo devenir,
como el mundo en sí.
Nosotros pululamos buscando las respuestas
de las que posiblemente no hallemos solución alguna.
Mientras tanto, permanecemos con los rostros
pegados sobre el cristal,
observando con ansias y fascinación
lo que sería alzar el vuelo,
deseando probar un par de gotas de libertad
y conocer cuál es su sabor.
Anhelamos con toda nuestra alma
ser capaces de alcanzar tal inmensidad
y en lo más profundo de nuestro ser
sabemos que somos hijos del cielo,
que buscamos la cercanía de los ancestros
que nos llaman a alcanzar la maldita libertad.
Seamos simplemente mariposas,
cuerpos significativos y frágiles,
complejas,
hermosas en todo su esplendor,
simbólicas.
Ellas representan el vasto ciclo de la vida,
el extenso proceso desde que nacemos
hasta que morimos;
el constante renacimiento a medida que se cambia,

que nos metamorfoseamos,
para abandonar la antigua piel e iniciar el vuelo
hasta casa.

No estamos solos;
en el camino nos acompañan otros miles,
señales posadas que nos guían en el camino,
siendo los trozos del alma
que se volatilizan quienes nos marcan los pasos,
tirando del fino hilo que mantiene
cada parte unida a pesar de que se fracturen.
Quizás la vida que vivimos sea un sueño
y no seamos nada parecido a lo que somos.
Puede que soñemos que podemos volar,
aunque tal vez ya lo hacemos.

Y cuando no estemos, regresaremos,
para volar por los restos que aún perduran.
Guerreros que caen en la lucha constante
que significa vivir,
arriesgarse a dar al máximo,
para después volver.
Aunque nos hayamos ido en silenciosos suspiros,
se escucha el rumor de las alas batiéndose,
de centenares,
de miles,
para llevar nuestra alma hasta la libertad,
saliendo de entre nuestros labios para marcharse,
rompiendo la débil crisálida.

NI DIOS QUE VALGA

¿Qué es lo que vemos cuando miramos hacia el cielo
con miles de preguntas enganchadas
entre las muescas de los labios y dientes?
Una cosa es lo que vemos,
otra lo que deseamos en realidad.

No me sirve un dios penitente
que pone la recia mejilla,
para recibir otro golpe.
Ni ningunos dioses con infinitas piernas
si no son capaces de llevarnos
hasta el mismo confín del mundo.
No me sirven palabras de boca en boca,
vagas esperanzas que se lleva el viento,
pero que no arrastra
las pesadas lágrimas de desaliento.
No le veo entre las súplicas que se susurran,
ni en los ojos cerrados que claman entre el silencio,
como un compañero que coge tu mano y consuela.
No le veo.
Pero con certeza
sí puedo decir que hay algo entre nosotros,
en nuestras vidas, que es más que un dios.
Es un todo.
Le veo en los ojos de niños sin prejuicios,
en las almas inocentes,
en la mirada anciana

que durante segundos te suma vidas.
Veo a ese dios en la sonrisa
de la persona desconocida,
aquella que aparece en milésimas
y recuerdas a lo largo del día.

En tal abrazo que te hace ir más allá.
Le veo en las manos de mi madre
cuando mece entre ellas las mías,
más pequeñas, más inexpertas.
Cuando siega las lágrimas
con mayor certeza que el disparo que las hizo salir.

Y es que quizás no haya nada,
nada sobre nuestras cabezas.
Ningún dedo que nos señale,
ni miradas reprobatorias, salvo las nuestras.
Quizás no haya ningún dios,
salvo quien se pone la mano en el pecho,
clamando verdades que se quedan verdes.
Porque en vez de ir juntos de la mano,
te la tiende desde arriba mientras le miras de rodillas.
Promesas que se pierden al susurrarse,
porque quedan pendidas
de un fino hilo que se corta,
tan rápido como el miedo
cuando asoma los dientes.
Para mí no es cierta la imagen
que se estampa con adoración;

abres puerta tras puerta,
recorriendo pasillos hasta destapar
todas las ventanas,
y ahora, que entre la luz.

Notaba el peso de los grilletes
antes de que hubiera extendido la mano,
el látigo que se escondía entre la amplia sonrisa
o manos alzadas con almas ahogadas
tendidas a sus pies.
Me resistí a creer que eso era fe.

La encontré enterrada y sucia,
desnuda y desnutrida,
tirada entre las esquinas del olvido
de todo un pueblo,
viendo que, en realidad, podría ver a Dios
en la mirada de la compasión personificada,
en manos ensangrentadas por el sacrificio,
en las sonrisas sinceras que dan más
de lo que toman cuando se desvanecen.

Día a día alimento mi fe
con esperanza de que todo cambie.
Ahora la llevo de la mano
con cuidado de que no se suelte,
de que no se pierda entre la muchedumbre,
de que se la traguen como hicieron un día con otros:
conmigo.

GRACIAS

Gracias por ser tú,
sin medias tintas de por medio.
Por acompañarme día tras día,
no porque fuera una obligación,
sino porque en realidad querías hacerlo.
Por estar ahí simplemente,
sin exigir ni tomar,
solo dando tu mano
cuando las palabras ya sobraban.

Todos tenemos personas a las que agradecer.

Gracias por sonreírme aquel día
cuando sentía que no podía seguir con ello, no más.
Por no juzgarme,
aun cuando podrías haber hecho lo contrario.
Por decirme la verdad sin reparos,
aunque escociera, porque tenía que saberlo,
no valían las esperas.
Por mantenerte al lado cual columna,
como mi propio héroe cuando ni quisiera ser;
Por abrazarme fuerte en ese instante
en el que los monstruos dejaron de acechar,
cuando los espantaste con tu cariño
tan puro e inocente.
El momento en el que me sonreíste con orgullo

cuando sabías que lo conseguiría.
Gracias por darme la vida que realmente merecía.
Por apostar una y otra vez por mí,
porque sabías que era lo correcto,
a pesar de lo que decían.

Simplemente, gracias.
Por quererme como lo hacías, aunque ya no estés.
Por contarme esos chistes que significaron tanto,
que solo nosotros entendíamos.
Por esa mirada que me echó atrás.
Por los recuerdos que jamás olvidaré
y que perdurarán hasta que falle mi memoria.
Por los objetos que aún huelen a historias.

Esas personas tienen nombre en nuestra mente,
y son padres, madres, abuelos, hermanas, amigos, etc.
Quizás tú seas una de ellas para otra persona,
O te sientas identificado al leer esto, pero gracias.
A ti, y a ti.
A todos.

SORORIDAD

Cansada de esquivar a duras penas.
De recibir balazos.
De tragar a palo seco
vuestro odio y repulsión.
De bajar mi mirada ante vuestra risa.
De ascender para arrastrarme
de vuelta hasta los infiernos.
De gritar y no oírme,
con vergüenza a que mis manos
muestren lo que esconden.
El deber de tener miedo a la luz y a mi oscuridad,
pero encerrarme en ella.
De soportar mentiras y burlas.
Esos límites que marca tu equívoca figura sin cesar
con puertas y ventanas con pestillos.
Millones de golpes a mi alma,
huecos sollozos que me arrancan el desasosiego
que provocan.

Poco a poco va cambiando.
Me levanto sangrienta
y en pie de guerra frente a ti,
como leal contendiente en bando contrario
con mis armas fuera ante aquel
que quiera hundirme,
que desee mi media vida

a infinitos metros sobre el suelo.
Llena de lágrimas y sueños, con enfado,
pero con libertad,
con esperanza y oportunidad,
y no soy la única.
Miles y miles que nos levantamos
ya no sometidas sino iguales,
ya no de rodillas,
ahora maltrechas, pero de pie,
con las gruesas cadenas colgando
de nuestras muñecas libres,
los puños en el aire y nuestra voz solo una,
con un grito de verdad en la historia.
Libertad.
Sororidad.

SED

El frío que ya era conocido.
Ese hormigueo constante en las plantas de los pies,
los tímidos dedos que rozan la briznas
y el vaho que acaricia suavemente el cielo,
que ahora toca su piel,
siempre sensación reconfortante,
y la llama candente en el interior.
Allí en el cielo brillaban las estrellas
y en sus ojos la esperanza.
Ya había salido.
Dejó la cáscara para volver a ser
y respirar, para vivir.
Los dedos se hunden en la húmeda hierba
y levanta la vista hacia la oscura noche.
Los codos sobre las rodillas y la cabeza arriba,
admirando la inmensidad y el olor a libertad.
que se respiraba allí.
Su llama crepitaba internamente
y el vacío que sentía parecía desaparecer.
El cielo reflejaba las estrellas fijadas
en el lejano universo,
y la luz de su mirada y su alma
emergían alumbrando la oscura noche.
Era completamente ella,
ahora más que nunca lo era.
Iba a vivir, a reír, a gritar.
Tenía hambre de saber, sed de libertad.

TORNAR

Piezas candentes y ritmo estrepitoso
que marcan una sonata en el cálido ambiente.
Salvo por los únicos sonidos metálicos,
en realidad, solo habita el silencio.
La expectación, el resuello vigoroso
pero cansado de unas manos
moldeando sin descanso.
Cicatrices viejas,
otras recién abiertas y supurantes,
hollín y sudor;
detalles que empapan
y se entretejen en la carne, en la piel.
Obrando arte,
creando magia a partir de la nada
con la más absoluta precisión;
cortes, giros, dobleces, golpes
contra la dura superficie;
más nítido, más visible a través
del abstracto trozo de metal.
Un principio amorfo
con esquirlas afiladas,
escondidas entre los pliegues
como huidizas trampas.
Y es la presión y el calor
un sinuoso ritual de cambio
que avanza en el tiempo,
sin pausa.

Unas manos que acarician
y quiebran el metal, firme y suave,
si acaso puede llegar a ser posible;
una danza hábil de dedos ágiles
que saben qué teclas tocar para deshacer,
para volver a hacer, a crear,
no desde cero, sino desde una casilla
en medio del tablero,
siendo forjado a fuego lento,
al golpeteo incesante que busca la reforma.
Porque la pieza resiste las grandes acciones,
grita en auxilio y con miedo por la incertidumbre
en cada desplazamiento sobre el yunque.
Y todo duele,
el cansancio y el esfuerzo de sajar detalles
que sin embargo cobraban importancia,
uno tras otro.

Pero encuentras la forma
y observas al trozo de acero
dando sus primeros pasos,
desnudo ante el creador que lo tornea,
sin ser más distinto de lo que antes era,
porque se siente similar, casi idéntico.
Salvo las esquirlas, que no quiebran
la regularidad de la superficie que le cubre,
siendo pequeñas colinas en algunos puntos
al contrario que puntiagudos picos.
Fue complicado darse cuenta del error

que le rondaba, pero esas dolorosas espinas
salieron como una segunda piel
entre lágrimas de reconocimiento;
se convirtieron en un bálsamo
para esas manos cansadas que encontraron
la senda en el camino dudoso
que le ofrecía aquel metal.
Pronto, esas manos reconocieron el vasto acero
como parte de sí mismas.
Le había dado forma,
sabía que quería que fuera;
ahora solo tenía que continuar.

Era un trabajo arduo,
pero su corazón se henchía de orgullo
al observar su creación.
Más esfuerzo,
pero con menos peso sobre sus hombros.
Solo quedaba seguir,
terminar de tornar, pulir día tras día,
hasta relucir,
para cambiar.

R-EXISTIR

Promesas.

La tormenta llamaba al alma a adentrarse en ella;
se magnificaba y se creía poderosa ante su fuerza,
era absolutamente grandiosa.
Un caos,
con la vida y la muerte cogidas de la mano,
unidas.
Ahí estaba,
mirando desafiante en todo su esplendor;
sus ojos furiosos colmados de brillo
y con el corazón galopando valeroso,
sin descanso y con determinación.
Quería que entrara,
que intentara al menos soportar
tal magnitud de sentimiento
en una mísera partícula de su ínfimo ser;
que se atreviera a desafiar a la furia
que la dominaba.
Lentamente, casi con parsimonia,
se iba adentrando en el caos eléctrico
y afilado que la formaba.
La tormenta se negaba a ver
las pequeñas hebras de su piel
que se iban adentrando,
y se tornaba más airada

en un interno y explosivo «no»
a la vez que su furia iba escapando.
para evitar su presencia vibrante.
«¡No, no…! He dicho que no».
El alma con su claro y fuerte ser iba paseando
entre los rayos que se agolpaban a su alrededor;
se mecían en su suave piel y no dejaban
ninguna aguda marca, porque no dolía.
Ya se conocían.

Sus miradas se llamaban,
aunque su cuerpo y su mente pedían a gritos espacio,
y se necesitaban.

Las manos suplicantes se asomaban
entre el reflejo de sus ojos lagrimosos,
mientras la distancia, al principio lejana y afilada,
se volvía vecina y amiga.

Ya estaban casi juntas entre ese caos indomable
que las rodeaba sin ninguna otra salida
que ellas mismas.
Cuando quedaron a varios centímetros,
todo aquello a su alrededor se detuvo.
Allí quedaron solas, mano a mano con su dolor,
su corazón y su interior,
mirándose firmemente, sin desviar la vista.
Dejaron escapar las calientes lágrimas
que empañaban su piel y se abrazaron.

Así, sin más.
Dejaron de mirar hacia otro lado
y permitieron que su dolor fuera visible,
sin cerrarse de nuevo y dejar
que el caos les rodeara de nuevo,
privándoles de ellas mismas y de su unión.
El calor, mientras el alma acariciaba
las facciones de la brava tormenta
y compartían el sentimiento
que los unía bajo su piel y en su corazón,
que se ataban en un acto suicida
y confiaban.

Ambas confiaban y se amaban ante el dolor
que a veces se colaba a escondidas,
pero que no terminaba de entrar.
Solo se querían.

HERMANA

Y entre mis gritos se cuelan las lágrimas,
siempre presentes,
aunque lo que ahora se sienta sea el orgullo.
Aun así, se cuelan la tristeza,
la ira y el enfado,
un ardor que prende mi alma entera.

Porque, aunque grita y ría,
también estoy llorando
por las manos que faltan alzadas frente al cielo.
En medio del silencio se oye un coro unido,
un llanto que encoge mundos,
desgarrando tu centro hasta tocar hueso.
Ahora me miro, observo alrededor
y no puedo evitar llorar por quién era
y lo que he sido,
por los escalofríos que me recorren entera
aún sin saber ponerle nombre a lo que ocurre.
Ese sentimiento que se apodera de ti
te hace ver lo que te rodea con otro color,
pintado a voces,
salvaje, natural, puro, simple
y a la vez complejo, que se entrelaza
de mil formas diferentes.
Lloro cuando veo esos colores estampados
contra tu rostro, en tus ojos, en tu corazón.

Y río, a su vez.
Lloro cuando te veo atrás,
cuando mi alma se tensa
intentando tirar de la tuya,
porque ninguna se quede atrás.
Lloro cuando hacen trizas nuestras esperanzas,
pero no puedo evitar sonreír
cuando el viento vuelve a soplar en nuestra dirección,
cuando tus ojos se iluminan de nuevo,
cuando tú ríes y yo también río.

Aun sin saber tu nombre, te conozco.
Sin tener la misma sangre,
algo nos une con mayor fuerza,
siendo un pegamento de masas.
Cuando alzas tu voz
y gritas conmigo, te siento mi hermana.
En el punto en el que mis ojos se encuentran
con los tuyos y el mundo se reduce
a un cero a la izquierda,
y solo estamos nosotras.
Tú, yo y miles.
Y qué preciosa es la revolución,
lo imparables que somos.

Digamos y gritemos:
«Sororidad, qué bonita eres».

HASTA EL DÍA EN QUE MUERA

Cuando todo se desvanezca,
solo habrá tierra y polvo.
No importará lo que hayamos tenido
entre nuestras manos ni lo que guardáramos
en los pliegues de los bolsillos.
Volveremos a la casilla de salida,
donde empezamos con el contador a cero.

Quizás haya silencio, descanso,
o la brisa de una nueva vida nos reciba,
en un cuerpo nuevo, en otros ojos.
Tal vez nos reciba el mundo entre alaridos agudos,
empapados de desconocimiento,
berreando, buscando respuestas innatas,
o puede que estemos solos,
vagando en otra vida,
levitando entre los mundos del hoy y del ayer,
siendo viajeros a los que no se les agota el tiempo,
colmado en una interminable pausa,
mientras todo sigue a su alrededor.
Quizás el día en que nos despidamos de este mundo
nos aferremos con uñas y dientes a la vida,
que se nos escapa como el agua entre las goteras.
Aun no siendo la hora,
tomando por sorpresa
y sin la oportunidad de decir «hasta luego».

Podremos estar preparados,
que la muerte nos reciba con un abrazo cariñoso
tras los viejos mensajes en los que sabías
que volverías a verla
en un agridulce reencuentro.
Quizás lloremos de alivio y de rabia,
de angustia y de pesar.
Algún día nos despediremos
para no volver a vernos.

Ese día no es hoy, todavía no.

Primero viviremos,
pensando que no habrá mañana
cuando la luna haya aparecido
en su actuación estelar;
pero mientras tanto viviremos,
pediremos perdón,
nos caeremos y amaremos, sufriremos.
Abramos las puertas por las que deseamos pasar,
cueste lo que cueste.

Nuestras vidas no tienen una segunda oportunidad,
solo miles dentro de la misma;
exprimamos cada segundo para que merezca la pena.

Y hasta el día en que muera, viviré.

DESPIECE

Sentía mi reflejo más allá
de lo que la propia vista me permitía.
Eran diminutas hebras enredadas
entre la longitud de las extremidades,
enervadas por la mágica brisa
que recorre cada extensa zona
cubierta de piel.
Una coraza era más que suficiente.

Y siendo látigos sujetos
por una mano suave y firme,
que mecían las delicadas partículas
que abrían los ojos deseosos de saber,
dejándose llevar por el leve e invisible aleteo
de aquella corriente únicamente mental
que se erguía como una gran ola,
amenazante, atenta,
resbalando entre una capa y otra,
calando hasta llegar al culmen, para romper.
Y es que no solo veía con sus ojos,
sino que eran mucho más.
Eran hilos con memoria;
en cada uno de sus centímetros,
entrelazados con piel,
recordaban.
Estos eran roces, pequeños soplos,

besos que chocaban entre sí.
No hacía falta nada más que mirarse infinitamente,
un reflejo sin final.
Sentir que no pertenecía a este carnal
y vacío mundo cuando su cuerpo
se elevaba así ante su mirada y su mente,
siendo algo más
que una imagen dibujada sobre el cristal.
Una mirada.
Porque aspiraba vida en cada inhalación,
vibraba con el estremecimiento
de las hebras retorciéndose,
cercenando a su paso piel, músculo y huesos.
Ahí era más.
Y es que una simple mirada
vale más que mil palabras.
Ahí sobraban,
en la intensidad que se veía desbordada
e intentaba encontrar agarre imposible.

Porque no cabía nada.
No lo había.
Se había despedazado en mil pedazos.

SIEMBRA

Maquinaria en cadena para producir
sin más supervisión que el rápido sello,
que choca contras los miles de registros.
Uno tras otro, en serie.

Es una marcha incesante y no tiene ninguna pausa;
destella en los amplios círculos
bajo las miradas hundidas y en las sonrisas tirantes,
por las grapas que colorean un lineal camino
hasta las redondas mejillas.
Solo algunas.
El tintineo familiar de las cadenas
circula por las largas avenidas
cual banda sonora
de comedia romántica americana,
ambos extremos atados de un pie y una mano,
siendo un combo inseparable.
Un «amigos para siempre» trágico e irónico
en cada encorvado paso;
mareas discordantes de jorobas humanas
agolpadas en cada metro cuadrado,
hileras cableadas sobresaliendo
desde cada uno de los puntos visibles
de espaldas encorvadas sirviendo
como toma de salida frente el mundo real,
si es que lo era.

Siendo la imagen más habitual los postizos
y decoraciones brillantes que atrapaban el cuerpo
de los despistados y orgullosos viandantes;
retazos de oro y plata engarzando bocas y caras
contrarrestando el gran hoyo
que se abría en su interior,
para tomar altura frente a las altas
puertas delimitantes;
un antes y un después para quien las atraviesa,
si puedes pagar el precio
que conlleva arrasar con lo que eres,
para convertirte en lo que se espera que seas.
Y son ojos vendados,
ciegos bajo las frondosas y ásperas telas,
los que siembran los campos de los mortales,
de estampa cenicienta y miserable,
ganando no más que nueva sumisión
para sus filas y la satisfacción de cumplir
con el deber, el honor.
Honor de ensuciarse las manos,
al contrario que quien les pone las huecas semillas
sobre las desgastadas palmas de sus manos,
que son el principio del fin;
el desliz de una ficha de dominó
que arrasa en el efecto mariposa.
Las enormes semillas de las que nacen
motivaciones ya huecas,
arrebatadas desde antes de poder desear que ocurran;
el alzamiento anterior de masas elevadas

cual zombis que plagan la realidad
que creemos conocer,
poniendo entre sus indiscutibles pensamientos
que poseen las llaves de las múltiples cerraduras,
que conducen a los misterios más inciertos
que nos rodean.

Solo son paja,
sobras del grano escondido bajo tierra,
con ojos rojos,
sonrisas pintadas,
alas desgarradas
y el saber en sus bocas cerradas.

OTROS

No debía tener alas para poder volar,
solo la capacidad para ver más allá de sus pies,
para contemplar un nuevo mundo.
con otros ojos y distinto corazón.

MÚSICA

Formas de amar que no tienen nombre.

Los dedos ruedan por sus suaves mejillas,
atreviéndose a que su corazón galope salvaje,
con los suyos atrapando con rudeza
las arrugadas ropas en un intento de liberarse.
Es difícil permitir
que no haya amor en sus miradas.
Se atreve a buscar sus labios en silencio.
Un ruego que busca la saciedad
mientras gime despacio con el ansia
de entrever sus bocas extremadamente cerca.
Es dolor lo que siente ante el deseo que le corroe
de que sus cuerpos se unan firmemente.

Y sucede en un suspiro,
en dos,
con la unión miedosa de sus labios,
con cuidado,
abriéndose para dar la bienvenida
a un vals de lenguas sincronizadas
que provoca vaivenes en sus sombras;
manos enredadas y bocas entregadas a la locura
con cabellos volantes y sonrisas palpándose
a través de sus ojos cerrados,
que se abren con lentitud y parsimonia,

permitiendo recuperar los anteriores momentos
antes de sonreír y envolverse
entre una maraña de brazos y sentimientos.

La piel es la única tela que adorna su cuerpo,
y sus manos exploran cada nuevo descubrimiento,
con yemas suaves que se deslizan por las curvas
arrancando gruñidos a las sábanas,
dedos de los pies encogidos
y bocas que buscan un lugar al que anclarse;
el abrasador encuentro que permanece,
desgañitándose en silencio
y otras con roncos gemidos
mientras los curiosos dedos trazan
la mediatriz de su cuerpo con veneración
a la vez que sus pieles tiemblan y se arquean.
Recorren cada senda
mientras no pierde puntada de sus ojos,
olvidando el temor de que su corazón
corra millas en segundos;
abrazando sus labios
y acariciando su interior con pasividad;
ardiendo en su contacto
y palpando cada retazo de su persona;
admirando con vista de verdad y amor
mientras se observan acompasados
por el coro que adorna la distancia,
lento y contundente,
haciendo música con las yemas de sus dedos,

con brazos enredados en un extenso nudo marinero
y sus almas unidas temblando en el fin.

(ARD/VIV)IENDO

Figuras iridiscentes bailan delante de mis ojos,
más pequeñas y más grandes.
Se ondulan y vibran en cada pestañeo.
Se siente la calidez
envolviendo poco a poco mi ser,
acariciando como si de una manta se tratara
el rostro expuesto,
el velo de humo que surca, curioso,
los valles que marcan cada uno de los detalles.
Recubre parte tras parte
en la medida en que me acerco levemente,
despacio, con lentitud.

Más tarde, con brillo inquisitivo en la mirada,
se eleva ante mí, tentándome.
Probándome,
chisporroteando en una invitación descarada,
un reto,
siendo atrevimiento y verdad.
¿Acaso quiero conocerla?
¿Saber qué esconde en su sinuoso silencio?
Todo me envuelve más profundamente,
el humo cegando mi nariz y mi boca.
Mis ojos siguen despiertos,
conocedores de la corta distancia.
Cobra más importancia
y el resto, que me rodea,

desaparece.
Solo esas figuras llameantes y yo,
en un uno a uno,
cara a cara.
En el instante que me encuentro
a menos de un palmo me detengo.
Aquel velo que me rodea
se cuela entre mis labios
en cada intensa inhalación,
sin freno,
y mis manos, paradas en seco,
comienzan a actuar.
Uno de los dedos se acerca despacio
siendo acompañado por otro y sumando el resto,
vibrando acompasados
en una coreografía ondulada,
terriblemente lenta y cerca.
La locura se prende en la mirada,
aunque no es lo único.
Ante la espera de gritos y quejidos al contacto,
solo se halla la verdad.
El silencio calla y agacha la cabeza
ante lo que observan sus ancianos ojos.
Lenguas de fuego que bailan en fríos dedos
y en ojos sabios.
Una media sonrisa se forma en una boca cálida
que deja escapar cortinas de humo.

Tiemblo cuando ardo.
Vivo si ardo.

VIVE

La vida no espera.
No es una llana oración simple,
no analicemos la estructura que la compone;
malgastar el tiempo tratando de reconocer
qué parte es el sujeto y cuál el predicado.
Simplemente lee y aplica.
Ni montar un mueble sueco
resultó tan fácil como esto,
pero lo más difícil es cumplirlo.
Hacerlo de verdad.

No cometamos el error de calcular dos veces
cada paso que queramos dar.
No le demos el control completo del vehículo
a nuestro corazón;
tómalo en conjunto,
con todo lo que significa.
Pregúntate qué quieres,
y síguete.
El camino está escrito.

Nadie dijo que tuviera que ser sencillo,
pero no te falles a ti mismo.

No mientas a los ojos que te acompañan
y lo ven todo.

Sigue el camino,
no el de las baldosas amarillas,
el de las huellas marcadas en tinta
que vas escribiendo.

ÍNDICE

Sobre la autora

Teresa Pérez del Pino, 2001. Andaluza, nacida en Antequera, es estudiante de Psicología y una apasionada de las letras, la escritura, los libros y al arte en general. Una joven, una mujer con las cosas muy claras y un poco de alma salvaje.